ALPHABET ILLUSTRÉ

par

E. FOREST

Cap Forest

PARIS.

Chez Aubert Galerie Véro-Dodat

ABÉCÉDAIRE

ILLUSTRÉ

PAR E. FOREST.

Paris,

Chez Aubert, Editeur, Md d'Estampes,

GALERIE VERO-DODAT.

1838.

IMPRIMERIE DE MADAME PORTHMANN,
Rue du Hasard-Richelieu, 8.

Avis de l'Éditeur.

Lorsque j'eus l'idée d'employer le talent des plus habiles Lithographes à l'exécution des Alphabets, il n'existait encore dans le commerce de la Lithographie que des Abécédaires en bandes, mal imprimés, très-mal dessinés, et coloriés plus mal encore. Les miens, dus au crayon de MM. Bouchot, Daumier, Desperet, Forest, Lassalle et Traviès, obtinrent un succès inoui. Tout le monde connaît à présent ces piquants personnages grotesques, ces costumes, ces sujets militaires et autres, qui réussissent si bien à fixer dans la mémoire des enfants le souvenir des lettres et des mots. J'ai donc amené une petite révolution dans ce genre d'ouvrages; mais l'impression lithographique est très-coûteuse et les Alphabets en bandes sont un peu chers. J'essaie aujourd'hui de faire en Typographie ce que j'ai fait en Lithographie, beaucoup mieux que mes devanciers et presque au même prix.

Si le public encourage mon essai, les enfants compteront bientôt un grand nombre de petits livres élémentaires, dont les dessins ne seront plus laids et ignobles comme des illustrations d'almanach.

AUBERT,

Éditeur, galerie Véro-Dodat.

A A a *A A a*

𝒜 𝒶 A α

𝔄 𝔞 A 𝔞

A bra ca da bra. Ail.

A ca dé mi ci en.

A do ra ti on. An ge.

A. **Arabe.** 1*

B B b *B B b*

B b B b

B b B b

Ba bel. Ba bi o le.

Bac. Ba by lo ne.

Bam bin. Ba di geon.

B. Balcon.

C c c *C c c*

C c C c

C c C c

Con com bre. Ca pon.

Cri. Cro chet. Cen tau re.

Cul ti va teur. Con te.

C. Coco.

D ᴅ d *D* *ᴅ* *d*

D *d* D ∂

𝔇 𝔡 D ∂

Daim. Dé dain. Dé da le.

Dé dit. Dé di ca ce.

De man de. Dé mon.

D. **Danse.**

E E e *E E e*

E e E e

E e E e

E bé nis te. E bats.

E clat. E pau let te.

E mail. E cail lè re.

E. **Ecuyer.** 2

F F f *F F f*

F f F f

F f F f

Fa ble. Fe mel le. Fils.

Fi la tu re. Fil. Faim.

Fo lie. Fu sil. Fé lon.

F. Femmes.

G G g *G G g*

G g *G g*

G g G g

Ga ba re. Ge nou.

Gi got. Gi bi er.

Gé o mé tri que ment.

G. **Gagne-Petit.**

2*

H H h *H H h*

H h H h

H h H h

Ha ran gue. Ha reng.

Hé mi cy cle. Hé raut.

Hé té ro do xe. Hè re.

H. Hussard.

I I i *I I i*

I i I i

I i I i

Im mi sé ri cor di eux.

Im mu a ble ment.

J J j *J J j*

J j J j

J j J j

Ja lou sie. Ja guar.

Jam bet te. Ja va nais.

J. Jardinière.

K ᴋ k *K ᴋ k*

K k 𝒦 k

𝕶 𝖐 𝔎 𝔨

Ka lé ï dos co pe.

Ki lo gram me. Ka rat.

Ka ka to ës. Ker mès.

K. Kiosque.

L ʟ l *L ʟ l*

L l L l

L l L l

Lar me. Lu car ne.

Lon gue ment. Lo yal.

Lou a ble ment. Loup.

L. **Laitière.** 3

M м m *M м m*

M m M m

M m M m

Ma chi na ti on. Main.

Ma cu la ti on. Mal.

Mo no ma nie. Mu seau.

M. Marin.

N N n *N N n*

N n *N n*

N n N n

Nar ra ti on. Ni ce.

Nes to ri en. Ni chée.

No mi na ti on. Nid.

N. Nain.

O o o *O o o*

O o O o

O o O o

O bé lis que. O bé ir.

Oc cu pa ti on. O cre.

Of fen si ve. Op ter.

O. Oriflamme.

P P p *P P p*

P p P p

P p P p

Pa ra phra se. Pas ser.

Pé dan tis me. Pa yer.

Phi lo so phie. Par ler.

P. Parapluie.

Q Q q *Q Q q*

Q q Q q

Q q Q q

Qua dra tu re. Quart.

Quin con ce. Quin ze.

Quit tan ce. Quê te.

Q. Quilles.

R R r *R R r*

R r R r

R r R r

Ra co leur. Racine.

Re ce leur. Relique.

Ri gi di té. Reine.

R. **Raquettes.**

S s s *S s s*

S s S s

S s S s

Sal mi gon di. Sa lon.

Sé duc ti on. Sa bre.

Si len ce. Sam son.

S. **Savetier.**

T T t *T T t*

T t T t

T t T t

Ta ber na cle. Ton.

Ter ri ble. Trô ne.

Tim ba li er. To tal.

T. Turc. 4*

U u u *U u u*

U u U u

U u U u

Ul ti ma tum. Ur ne.

U ni ver sel. U ni.

Ur ba ni té. Ur bain.

U. Usurier.

V v v *V v v*

V v V v

𝖁 𝖛 V 𝔳

Vac ci na ti on. Vent.

Vé né ra ble. Vo leur.

Vi bra ti on. Voû te.

V. Vendangeur.

X x x *X x x*

X x X x

X x X x

Xé né la sie. Xy ste.

Xé ra sie. Xi phi as.

Xé no phon. Xer cès.

X.

Y Y y *Y y Y*

Y y Y y

Y y Y y

Yé ni te. Y on ne.

Y pré au. Yt tri a.

Yp si to ï de. Yeux.

Y. Yacht.

Z z z Z z z

Z z Z z

Z z Z z

Zé la teur. Zi za ni e.

Zé no mis me. Zé nith.

Zin zo lin. Zig zag.

Z. **Zéphyre.** 5*

LE ROSIER A CENT FEUILLES

ET

LE GENÊT D'ESPAGNE.

Qui veut me donner un petit arbre pour mon jardin? disait un jour Frédéric à ses frères et à sa sœur.

— Ce n'est pas moi, répondit Auguste.

— Ni moi, répondit Julien.

— C'est moi, c'est moi, répondit Joséphine ; quel est celui que tu veux?

— Un rosier, s'écria Frédéric ; vois-tu le mien, le seul qui me reste? il est tout jauni.

Viens en choisir un toi-même, dit Joséphine.

Elle conduisit son frère au petit carré qu'elle cultivait et, lui montrant un beau rosier : Tiens, Frédéric, lui dit-elle, tu n'as qu'à le prendre.

— Comment! tu n'en as que deux et c'est le plus beau que tu me donnes. Non, non, ma sœur : voici le plus petit; c'est précisément celui qu'il me faut.

— Quel plaisir aurais-je à te le donner; il ne te produirait peut-être pas de fleurs cette année; l'autre en aura, j'en suis sûre, et je puis le voir aussi bien fleurir dans ton jardin que dans le mien.

Frédéric, transporté de joie, emporta le rosier, et Joséphine le suivit plus joyeuse encore que lui.

Le jardinier avait vu le trait d'amitié de la petite fille ; il courut tout de suite chercher un beau pied de genêt d'Espagne, et il le planta dans le jardin de Joséphine, à la place que venait de quitter son rosier.

Ceux qui ont un mauvais cœur n'ont pas ordinairement un esprit bien soigneux.

Lorsque le mois de mai arriva, les rosiers d'Auguste et de Julien, négligés dans leur culture, poussèrent à peine quelques fleurs, dont la plupart moururent dans le bouton.

Celui de Frédéric, au contraire, cultivé par ses

mains et par celles de Joséphine, porta les plus belles roses à cent feuilles de tout le pays. Aussi longtemps qu'il fleurit, Frédéric eut chaque jour une rose à offrir à sa sœur, pour mettre dans ses cheveux ou dans son sein.

Le genêt d'Espagne fleurit aussi très-heureusement ; on en respirait l'agréable parfum des deux extrémités du jardin ; il devint cette même année assez haut et assez épais pour que Joséphine y trouvât un ombrage dans la grande chaleur du jour.

Son papa venait quelquefois l'y trouver et lui racontait des histoires, qui tantôt la faisaient rire aux éclats et tantôt faisaient couler de ses yeux des larmes si douces, qu'elle se souriait à elle-même un moment après.

FIN.

www.ingramcontent.com/pod-product-compliance
Lightning Source LLC
LaVergne TN
LVHW050304090426
835511LV00039B/1390
* 9 7 8 2 0 1 2 6 3 4 4 5 9 *